AF322070

RÉPONSE

DE

M. ÉMÉRIC-DAVID

A UNE NOTE INSÉRÉE PAR M. RAOUL ROCHETTE DANS
SON MÉMOIRE SUR L'EMPLOI DE LA PEINTURE QUI
ORNAIT LES ÉDIFICES SACRÉS CHEZ LES ANCIENS.

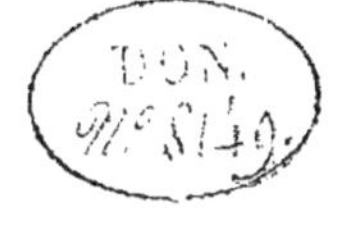

DANS la discussion qui vient d'avoir lieu au sein de l'Académie des Inscriptions et Belles-Lettres, au sujet de la peinture sur mur chez les anciens, j'ai dû garder un silence absolu. C'était à la discussion elle-même à amener, dans les termes de la question posée par mes deux confrères, les restrictions qui me paraissaient exigées par la réalité des faits. Entre de tels concurrents, un troisième eût été déplacé.

Mais une note où M. Raoul Rochette m'a fait l'honneur de citer mon *Premier discours historique sur la peinture moderne,* m'oblige à quelques explications.

Ce savant, dans son mémoire récemment imprimé ayant pour titre : *De l'emploi de la peinture dans la décoration des édifices sacrés et publics chez les Grecs et chez les Romains* (page 24, note 6),

s'exprime en ces termes : « J'entends le mot φάρμακα
« comme l'a expliqué M. Éméric-David dans ses
« observations sur ce passage de Pollux (*Discours
« historiques*, p. 270); mais je remarque que,
« comme ce savant ne voyait dans la plupart des
« grands peintres à l'encaustique, y compris Apelle
« lui-même, QUE des peintres sur mur (page 179),
« il a PRUDEMMENT supprimé dans le passage de
« Pollux, VII, 128, les mots πίνακες, πινάκια, qui
« se trouvent pourtant répétés dans l'autre cha-
« pitre, X, 163, qu'il n'a pas connu, ou qu'il a
« négligé de citer, et qui montrent indubitable-
« ment que dans la pensée du grammairien grec
« il s'agit de *peinture sur bois* et non *sur mur*. »

Je repousse formellement les deux assertions
que renferme cette phrase ; car ne voir dans les
grands peintres de l'antiquité QUE des peintres
sur mur, ce serait un trait d'ignorance par trop
fort ; et supprimer PRUDEMMENT une partie d'un
passage dont on se fait une autorité, pour sou-
tenir une opinion qu'on sait être fausse, ce serait un acte de mauvaise foi bien peu honorable.
Quelque opinion que je puisse avoir soutenue
dans ma carrière littéraire, je l'ai crue vraie : je
puis m'être trompé plus d'une fois dans mes écrits,
mais je n'ai cherché jamais à tromper personne.

Si je n'ai point rapporté en citant le passage
de Pollux dont il s'agit, les mots de πίνακες,
πινάκια, *tables de bois de différentes grandeurs* ;
si je ne suis pas allé prendre à six cents pages
plus loin, page 1349, ceux de κιλλίβαντες et
de πυξία, *chevalets*, *tables* ou *tablettes de buis*,

c'est tout simplement par la raison que la peinture sur bois n'entrait point directement dans
mon sujet. Je m'occupais spécialement de la peinture à l'encaustique, qu'on l'employât soit sur le
bois soit sur des murs. Je voulais engager nos
peintres à mettre en œuvre ce procédé impéris-
sable des anciens, lorsqu'ils auraient à exécuter
des peintures sur des murs. Par des circonstances
particulières, je me trouvais en même temps dans
la nécessité de resserrer mon texte autant qu'il
m'était possible; d'être sobre de détails, de supprimer les développements, et même de réduire
les citations de mes autorités à l'absolu nécessaire *.

* Lorsque je fus invité à composer le texte du *Musée français*, publié par MM. Robillard-Péronville et Laurent, on
me demanda de composer un *Discours historique sur la peinture moderne*, lequel devait être placé à la tête du IVe volume
de ce magnifique ouvrage; et il me fut en même temps re-
commandé de ne pas dépasser, dans la longueur de mon
texte, quatre-vingts pages *in-folio*. Trop à l'étroit dans un
cadre si resserré, et comptant sur la deuxième série du *Musée
français* qui devait s'exécuter à la suite de la première, je
conçus le projet de quatre discours sur le même sujet. Dans
le premier, je devais remonter à Constantin et suivre l'histoire de l'art jusqu'à la fin du XIIe siècle; le second l'aurait
conduite jusqu'à la mort de Raphaël; le troisième jusqu'à la
mort du Poussin; le quatrième jusqu'à l'apparition du tableau
des Horaces.

Ce plan m'offrait l'avantage, 1° de détruire l'erreur qui
a fait croire que la peinture avait presque cessé dans le moyen
âge, ou était réduite à des miniatures; 2° de remplir une lacune
historique restée à peu près entière, malgré les travaux de
Fiorillo, savant professeur de Göttingue; 3° de montrer les

Mais si l'on prenait ma concision pour une *prudente* réticence, je serais à même de prouver tout ce que j'ai avancé.

Ainsi, par exemple, voulant engager nos maîtres à peindre sur mur, à l'encaustique et non point à fresque, je leur disais : Imitez les Grecs; Polygnote, Lysippe (le peintre), Pamphile, Pausias, Apelle, peignaient sur mur, à l'encaustique, au pinceau. J'ajoutais : il n'est pas impossible de découvrir leurs procédés dans ce genre de peinture. Réquéno a le mérite de les avoir à peu près retrouvés. Suivez seulement l'antiquité plus à la lettre qu'il ne l'a fait. Renoncez à peindre sur une surface chauffée ou bien avec des cires bouillantes; ce sont là des erreurs. Peignez à froid, avec de la cire tenue en dissolution par des résines*. Ne chauffez la peinture qu'après l'avoir exécutée; c'est là ce que les anciens appelaient *inurere*, brûler la peinture *en dedans*, la chauffer fortement, ensemble avec la muraille qu'elle couvre,

origines d'un grand nombre d'allégories chrétiennes employées dans les rites modernes; 4° enfin de faire remarquer la continuation des procédés de l'art antique au travers des neuf cents années écoulées depuis Constantin jusqu'à Guido de Sienne et à Cimabué. Le premier de ces quatre discours fut publié en 1811 et au commencement de 1812. C'est le seul qui ait paru. Il est arrivé de là que cet ouvrage ne porte pas aujourd'hui le titre qui lui conviendrait. Au lieu d'être intitulé *Premier discours historique sur la peinture moderne*, il devrait avoir pour titre *Discours historique sur la peinture du moyen âge*.

* M. de Montabert a ingénieusement perfectionné cette composition en employant de l'esprit de cire.

ceram apprimè cum pariete calefaciendo (Vitruv. VII, 9).

Tout cela supposait qu'un grand nombre de peintres grecs, même entre les plus habiles, peignaient sur mur, et ce fait est incontestable. Le monde est rempli aujourd'hui de tableaux sur toile et sur bois de Raphaël, de Jules Romain, du Guide, du Dominiquin, ce qui n'empêche pas que ces grands peintres n'aient enrichi de leurs admirables fresques, non-seulement les palais des papes, mais encore de nombreuses églises, et des habitations même de simples moines. Si Raphaël n'eût pas été *décorateur de murailles*, nous ne posséderions ni *l'école d'Athènes* ni *les loges du Vatican*. Il en fut de même chez les Grecs : Polygnote, Pausias, Apelle, ne craignirent point de se ravaler en décorant des murs. Ils contribuaient encore, dans ces occasions, à l'ornement de leur patrie et à la gloire de leur religion. C'était quelquefois gratuitement; ce n'était jamais sans de longs tributs de louanges.

Je me suis contenté de citer vaguement sur ce fait les chapitres IV, X, XI du livre XXXV de Pline; il ne me fallait pas, à l'époque où j'écrivais et pour mon objet particulier, des preuves plus détaillées; mais il en existe; M. Letronne l'a savamment montré. Quant à moi, j'ajouterai ici quelques mots; mais je parlerai seulement des maîtres que j'ai nommés dans mon *Discours historique*, savoir : de Polygnote, de Lysippe, de Pamphile, de Pausias, d'Apelle.

On sait que Polygnote avait exécuté des peintures sur les murs d'un temple de Thespies, *parietes Thespiis...... quondam à Polygnoto picti.* Ces peintures étaient bien réellement exécutées sur les murs mêmes ; elles n'étaient pas sur des tables de bois qu'on eût appliquées contre les parois, car les murs s'étant écroulés en partie, ou se trouvant grièvement endommagés, il fallut les réparer, et alors, *cum reficerentur*, les Thespiens invitèrent Pausias à refaire tout ce qui avait péri, et ce maître peignit sur la partie neuve des murs tous les espaces qui se trouvaient sans peintures. *Pausias et ipse pinxit penicillo parietes cum reficerentur* (Plin. XXXV, cap. 9, ou cap. 40). Ici M. Rochette reconnaît qu'il n'y a rien à objecter ; il pense seulement que le fait de Polygnote est *sans doute une exception dans l'histoire de sa vie.* p. 101 et 132. Mais il faut aller plus loin. Pline ajoute que Pausias, moins accoutumé à peindre sur les murs que Polygnote, demeura loin de son rival dans le mérite de l'exécution ; *multumque comparatione superatus existimabatur, quoniam non suo genere certasset.* Comme Pausias et Polygnote peignaient tous deux à l'encaustique, tous deux au pinceau, il est visible que Polygnote, puisqu'il était plus exercé, avait déjà peint auparavant sur des murs. C'est une conjecture dont l'évidence n'est pas moins palpable que celle du fait principal. Il est par conséquent évident que Polygnote et Pausias peignaient tous deux sur mur et que Polygnote peignait fréquemment de cette manière. Le fait de Polygnote n'est donc pas une exception.

Il faut en dire autant de Pamphile, maître de Pausias et d'Apelle; car, puisque ces derniers ont tous deux pratiqué l'art de peindre sur mur, il est bien à croire qu'il le leur avait enseigné. Cet art n'avait pas péri entre Polygnote et Pamphile; il ne périt jamais; nous le retrouvons jusqu'au XIe et au XIIe siècle. Si Pausias et Apelle ne l'ont pas inventé, ils l'ont donc appris d'un maître, et vraisemblablement ce maître est Pamphile.

Lysippe, antérieur à Pamphile, exécuta *une peinture à Égine* et il écrivit dessus : Lysippe *l'a brûlée*, c'est-à-dire l'a pénétrée de feu : ce sont là les expressions de Pline, *Lysippus quoque Æginæ picturæ suæ inscripsit* ἐνέκαυσεν (*ibid.* cap. IX ou 39); et l'on voit bien à ces mots *Æginæ picturæ suæ*, que *sa peinture* exécutée à Égine, n'était point un tableau mobile, mais une peinture sur mur.

Je viens à Apelle. Ce célèbre artiste avait peint un temple à Pergame. Quelque temps après sa mort, ce temple étant abandonné et apparemment découvert, les araignées et les oiseaux en endommageaient les peintures. Alors les Pergaméniens qui voulaient conserver ce chef-d'œuvre, achetèrent à un prix très-élevé le corps mort d'un de ces serpents que les anciens appelaient des basilics, et le suspendirent à un filet d'or au-devant des peintures d'Apelle, afin qu'il mît en fuite les araignées, les oiseaux, et tous les animaux malfaisants, et qu'il servît à la conservation de cette richesse publique. C'est Solin qui nous apprend ce fait. M. R. Rochette l'a cité, mais singulièrement raccourci (page 99). Cependant tous les mots en sont importants. Je le rapporte en entier. *Basilisci reliquias amplo sestercio comparaverunt. Ut* ÆDEM APELLIS MANU INSIGNEM, *nec araneæ intexerent, nec alites involarent, cadaver ejus reticulo aureo suspensum, ibidem locarunt* (Solin. *Polyst.* tom. 1, p. 49, ed. Salmas. Paris, 1619). On voit bien qu'il s'agit d'un temple peint de la main d'Apelle et non de tableaux sur bois, *Ædem Apellis manu insignem.* On voit bien que si des objets aussi précieux eussent été transportables, on ne les eût pas abandonnés pendant plusieurs siècles aux oiseaux et aux araignées. Je n'insisterai pas davantage, il y a ici pleine évidence. J'ai donc prouvé la vérité de cette proposition renfermée dans mon *Discours historique :* « Polygnote, « Lysippe, Pamphile, Pausias, Apelle, peignaient « sur mur, à l'encaustique, au pinceau. » Il me suffit.

É.-D.

TYPOGRAPHIE DE FIRMIN DIDOT FRÈRES ET Cⁱᵉ, rue Jacob, n° 24.